Kurt Scharf

Licht

Bibliografische Information der Deutschen Nationalbibliothek:
Die Deutsche Nationalbibliothek verzeichnet diese Publikation in der Deutschen Nationalbibliografie; detaillierte bibliografische Daten sind im Internet über www.dnb.de abrufbar.

© 2016 Kurt Scharf

Herstellung und Verlag: BoD – Books on Demand, Norderstedt
ISBN 978-3739-23551-6

LICHT

Diese Gedichte entstanden in den Jahren 1998/1999/2000.

Stimmgetier

Fantasie an kaltem Wintertage
(blanke Stunden zählt Dezember hin):
Juni war, die Leuchtinsektenplage
sonderschwebte über Köpfen in

Schrebergärten, wo wir abends lagen
nebenander nach dem Tageslauf;
Stimmgetier war'n wir, entblößte Fragen
stiegen, steil bewegt, zu Käfern auf,

sanken, weil die Käfer sprachversagten,
ohne klugen Funkenkommentar
wieder ab zu uns, die seltsam klagten...
Draußen friert's und lauert Januar.

Lichtgesprenkel

Einsam wirbelt durch die trüben Zeiten,
sucht dabei den Menschen den er liebt:
jener, angefüllt mit Eitelkeiten
dieser Welt die ihn als Ring umgibt.

(Gleich den Schatten, die wir nicht benennen
einzeln, weil das Leben nur auf Masse zielt,
schwingt im Raum, den wir als unsren kennen,
Lichtgesprenkel das ins Dunkle schielt.)

Immer dann, nach sehnsuchtsvollem Suchen,
wird er vor dem Spiegelbilde stehn,
seiner Lust Gefangensein verfluchen,
und zu Spiegels andrer Seite sehn.

Strophenstrauch

Strophen dringen, frei von allen Sorgen,
wenn das Licht sich durch den Vorhang kämpft,
nur im Traum, an einem frühen Morgen,
aus den Mündern, fallen nachtgedämpft,

müd verkettet, winterliche Zweige,
aufbereitet hier als Frost-Sentenz
nur im Traum, erscheinen, Fingerzeige
hart gelebter Rahmenexistenz,

dringen, werden stumm den Tod vereisen,
als Garant des Weiterlebens auch,
nur im Traum zum Glück, das sie beweisen;
stärker funkelt stur der Strophenstrauch.

Anderkonten

Kämpfe toben an den Farbenfronten
unentwegt im Werte-Vakuum,
weißgewaschen werden Anderkonten,
schwarzes Ehrenwort macht ewig stumm.

Kunterbunt verkünden Wandbehänge,
dass die Zukunft frische Farbe braucht.
Königstag. Parteiklausurgedränge.
Pinsel triefen, munter eingetaucht.

Streit, der um die Mitte dreht verschwommen:
rotumloht sie grob ins Auge sticht;
schwarzbeharzt wird bald sie übernommen.
Golden aber wird die Mitte nicht.

Widerworte

Immer heller sprühen Sonnengarben,
wenn der Morgen über Dächer rollt;
Sterne, die den Scheintod eben starben,
kauern unter Horizont getrollt.

Keine Frage, dass die Nebel weichen.
Fraglich bleibt, was dieser Tag mir bringt.
Setze ich nur bleiche Komma-Zeichen
(schleiche um den Punkt, der nie gelingt)

oder sind zuweilen Widerworte,
deren Sinn sich weltenfest verhakt;
klappert blind im Wind die Gartenpforte,
wenn es tagt? Da bin ich überfragt.

Anemonen

Zwischen Kiebitzruf und abgesägten
Ästen zweigt Gehölz; das Licht zerbricht
(sanfter Schrei) und liegt auf angeschrägten
Baumbeschnitten splitterfunkendicht.

Waldverwoben zeigen Anemonen
reichlich Weiß. Der Nebel flaggt empor;
schweigend sucht er nach intakten Kronen,
findet keine, fällt herab ins Moor.

Seitlich von geköpften Weiden sammeln,
räumen (hin zum Rand) Gestrümpel weg,
rücken Stämme, die im Feuchten gammeln:
Leute stiefeln durch Morast und Dreck.

Superstring

Was Parteien einmal eingenommen,
kehrt, zum Doppelpack vermehrt, zurück
leider nie zu Bürgers Nutz und Frommen –
allenfalls als Trend-Theaterstück,

wo die Saubermänner freundlich winken,
während Zweifel klammernd sie umkrampft
und sie bald im Schwarzen Loch versinken,
wenn Ikonenfron, erhitzt, verdampft.

Sollte etwa dort Europa liegen,
hinters Licht geführter Superstring,
dessen Horizonte aufzubiegen
nur gelingt mit güldnem Zauberring?

Zeitgefüge

Unterwegs an einem jener Morgen;
auf den Wegen, abgeschritten längst,
blühen Zeitgefüge unverborgen
jedem Wort das dankbar du empfängst.

Freundlich kommt der Fluss dir nun entgegen,
schimmert rot im ersten Sonnenlicht;
abgewrackter Kahn hat hier gelegen
ufernah, in andrer Zeitenschicht –

her geschwemmt aus frühen Kindertagen,
als noch länger war der Weg zum Strand
(weil geheimnisvoll die Wiesen lagen).
Übrig bleibt, der nie verschwindet: Sand.

Sonnenbeute

Bäume neigten wasserwärts die Zweige,
dunkelgrün versammelt, in den See;
Fische, sich zu zeigen, waren feige
oder tranken grade Algen-Tee.

Auf den Wegen, drumherum, die Leute
fuhren Fahrrad, klingelnd durch das Licht,
machten heiter eifrig Sonnenbeute,
hörten nicht den Wettergroßbericht.

(Tausend Jahre weiter: sind versprengte
Wesen wir, ist hier das Land versteppt,
keiner übrig, der noch hoffend lenkte
seinen Blick, selbst Gott hinweg gezappt.)

Gegenwehr

Wenn die Straßenlampen Licht ausrotten,
eine Nazi-Stadtpatrouille grölt,
wenn die Nachbarn um die Wette kotzen,
Träume tiefer in den Staub gemölt,

wenn die Pflastersteine Funken schlagen,
alle Stunden runden sich so schwer –
werden Wunder sinnlos, wird versagen
meiner Worte sanfte Gegenwehr.

Sollte ich das Fenster offen lassen,
bis der Morgen jeden Spuk vertreibt,
zahmer dann am Tage wieder hassen:
jene Angst, die abends mich zerreibt?

Regenstunden

Straßenflanken wittern Regenstunden.
Lichtumrandet brandet trockner Staub.
Noch hat keine Wolke man gefunden,
Himmel stellt (kein Tropfen fällt) sich taub.

Häuser, reihenweise, aufwärts schauen.
Bäume üben stumm Gelassenheit,
wollen allesamt dem Blau vertrauen:
dass der Regen kommt in nächster Zeit.

Sicher sollten sie nicht länger warten,
hoffend aufs Gewitter in der Stadt;
Regen aber (rettend wird er starten)
findet außerhalb der Worte statt.

Nasenlänge

Irgendwie mit dieser Welt verbunden,
wo die Wahrheit klar zum Himmel dringt,
sitze ich allein, seit sieben Stunden,
vor dem Kasten der die Bilder bringt.

Stets voraus um halbe Nasenlänge,
sind Reporter dort ein Ungemach
allen, deren schweres Machtgepränge
bröckelt; dächte, wer betroffen, nach –

würde dem per Schulterschluss gehuldigt,
jede weitere Lüge Bonus sein:
räumte, der sich gnadenlos entschuldigt,
Fehler Andrer als die eignen ein.

Fensterstaub

Außenstände dauernd anzuschmachten
durch den jahregrauen Fensterstaub;
Welt von Innen immer nur betrachten,
abgedeckt mit dürrem Seelenlaub:

zwiegespalten: als ein Klotz imstande,
auf den Hof gestellt, dem Axt-Programm
stolz im Holze Zentrum sein; am Rande
aber, noch der gleiche alte Stamm,

Widerpart der harten Tagesstunde,
wächst bei jedem neuen Schlag der Schmerz.
Nachts, im Schuppen, folgt die letzte Runde:
dreiste Tiere dringen in das Herz.

Kleiderfalte

Neulich, oben vor der Kleiderkammer,
traf ich in der Stadt auf jene Frau
(Sonne knallte runter wie ein Hammer;
keine Wolke; Himmel grinste blau) –

greinend stand sie, schmal, die kleine Alte,
weinend immer noch um ihren Mann,
Armut kroch aus jeder Kleiderfalte
scheu ins Licht; die Greisin sprach mich an:

„Seid Ihr nicht der Junge, der ihn kannte,
Bücher mit ihm tauschte, gerne las?"
Dass Vergangenheit mich nicht berannte,
log ich tapfer NEIN, lief los, vergaß.

Schattenkern

Angesichts von Sonnenfinsternissen,
fliehen sie den Schattenkern; nach Süd,
südwärts nur, vom Störfall hingerissen,
dessen Echopunkt verdunkelt glüht:

die an Kugelraumer eifrig glauben
(parkend bald auf halbem Weg zum Mond).
Rauch. Und auch Getrommle. Menschentrauben
hampeln. Dämlich nämlich. Wie gewohnt.

Vieles lässt sich auf die Sonne schieben,
wenn der Mond betont sich vor sie schiebt;
bricht 's Genick den Teilzeit-Tagedieben,
bleiben Voll-Idioten sehr beliebt.

Rundgesicht

Bartgezwirbelt wie zu Bismarcks Zeiten,
Sonnenbrille nicklig, Rundgesicht,
stand um Neuigkeiten auszubreiten:
bierbebüchst ein Mann am Kreisgericht.

Keine seiner vielen Schleifenworte
juckten mich; ich grüßte, ging, und fand,
wenig nur entfernt von diesem Orte,
wieder einen der da trinkend stand,

stand um Neuigkeiten auszubreiten,
Sonnenbrille nicklig, Rundgesicht,
bartgezwirbelt wie zu Bismarcks Zeiten,
bierbebüchst: ein Mann im grellen Licht.

Landesteg

Wellen brennen. Riemenkiemen tauchen,
saugen Wasser, atmen gurgelnd ein.
Morgenwolken treiben. Nebel rauchen,
werden bald vom Tag zerfasert sein.

Uferweiden, silbersanft, bewachen
Wiesen – aber diese kümmert 's kaum.
Über Wäldern, weiter weg, entfachen
Sonnengarben neuen Farbenraum.

Sternenvogel hat sein Lied gesungen,
nur das Echo schwebt zu meinem Haus.
Ruderschlag, am Landesteg verklungen,
schweigt. Die Riemenkiemen atmen aus.

Morgenrot

In die Binsen geht und aus dem Ruder
läuft die Zeit: ein Boot, das stranden muss;
grundvergessen lenken arme Luder,
untermütig, kurz vorm Exitus,

fallen über Bord – und auf die Klippen
kippen ihre Körper todbedroht,
hängen aber noch an seidnen Strippen,
pendeln her und hin im Morgenrot

(nicht am Hals, an den sie krallenhändig
ständig greifen); Zukunft bleibt zerschrammt –
doch sie stehen wartend, höchst lebendig,
vor der Alma Marter: Arbeitsamt.

Sprachgestrüpp

Kryptisch kriechen wortverloren Silben
über blass liniertes Schreibpapier,
fressen Staub (wie unsichtbare Milben)
und vergehen dann, verschluckt von mir.

Würgend immer noch an halben Worten,
warte ich auf einen halben Satz –
den zu retten aus dem halb verdorrten
Sprachgestrüpp, hinauf zum Ehrenplatz.

Allerdings: ich schone meine Lunge,
flüstre Angst. Das gebe ich dir zu.
Deutsches Leibgericht, gedämpfte Zunge,
wird serviert. Ich fresse sie. Und du?

Tagesfracht

Fahle Felder hatten Grün gezündet,
morgens vor dem Tag, noch kälteklamm,
haben Raben Möwen sich verbündet
auf den Rieselwiesen, dicht am Damm.

Seitenblicke / bin vorbeigefahren /
irgendwas im Nachbarort zu tun /
trübe Stunden / Regenschauer waren /
kam zurück / hab nichts erreicht / und nun

Silberflöte Abendwind verlandet,
stirbt mit märzmelierter Tagesfracht;
letztes Licht, von Schatten eng umrandet,
ufert über Bäumen in die Nacht.

Höllenhunde

Worte, greift sie an! Verdreht im Munde
mir den Satz, den ich soeben sprach!
Zögert nicht, seid tapfre Höllenhunde;
beißt nur zu, ich sehe es euch nach.

Leben, geißelt's! Lobt zu jeder Stunde,
Nekromantenvolk, den bittren Tod,
wuchert kräftig mit dem größten Pfunde,
mahlt die Seele, meinen Leib, zu Schrot.

Zögert nicht! Seid tapfre Höllenhunde!
(Beißt nur zu, ich sehe es euch nach.)
Worte, greift sie an! Verdreht im Munde
mir den Satz, den ich soeben sprach!

Jugendzeit

Scham und Schande auf den Schultern lasten
unsres Lands, das auch das meine ist;
nachgeboren, kann mich nicht betasten
Schuld von Vätern, die man nie vergisst.

Habe selbst, ich sag's, genug zu placken
an der Schuld aus meiner Jugendzeit,
Sühne aber sitzt mir streng im Nacken –
lang noch hin, bis ich davon befreit.

(Lang noch werden wir erinnern müssen,
was in dieser Zeit mit uns geschieht,
Warnung gilt: vor allzu schnellen Schlüssen
und vor Rache bis ins siebte Glied.)

Traumverschlag

Schattenschmale Feuerkäfer hasten,
sich zu bergen vor dem grellen Tag,
finden Ruhe bei Laternenmasten.
Eisenpilze werden Traumverschlag.

Namenlos entgleiten Wiesenpflanzen,
hangeln zeitverloren erdhinab,
zucken noch gekrümmt ein müdes Tanzen,
liegen Steinen angeschmiegt seitab.

Und ich lasse dieses Lied nun enden,
weil ich selber endlos müde bin,
werfe, welke Worte abzuwenden,
endlich meinen Kugelschreiber hin.

Rabulisten

Irrsal, Wirrsal. Wildvertrackte Fakten.
Rabulisten spalten altes Recht.
Windig schwinden aus dem Spind die Akten.
Geld, geborgt, versorgt Parteien schlecht.

Köpfe werden wacker abgeschlagen,
neue wachsen bei den Wahlen nach.
Körper bleiben. Hände spenden. Klagen
liegen, auf dem Feld der Ehre, brach.

(Hundertfach erleide ich nun Qualen,
nehme, bei Gedichten, mich in Pflicht:
neunundneunzig möge man bezahlen,
möglichst gut, indessen dieses – nicht!)

Außenstand

Dachten neulich wir, besonnt im Freien,
dass die Kälte uns nicht wieder trifft,
können nun, da Regentropfen schreien,
reuevoll in Wort und schräger Schrift

wir des Herbstes Kühle konstatieren
nur als Außenstand der Monatsfracht.
Unser Brot mit Wahrheit glatt zu schmieren,
hegen (lange redend) wir Verdacht:

Bleibt vielleicht, wovor wir fliehen,
stets verloren, Kälte gut verdeckt?
Nie gelingt's, den Pfeil heraus zu ziehen,
der, solang wir frieren, in uns steckt.

Brauengitter

Werden wir, die müden rüden Ritter,
grau den Jahren unterliegen hier,
bleibt der Augen dunkles Brauengitter
schattensaft gewölbtes Wimperntier;

abendkühl zerfallen Sonnenstrahlen,
zittert Licht, umwittert uns die Nacht,
dass wir endlich doch die Rechnung zahlen
für das Leben, launisch hingebracht;

toben Tage kürzer und ertrinken
Stunden, bald vergessen von der Zeit,
wartet hinter Türen, aufzuklinken,
letztes Angebot: die Ewigkeit.

Hippocampus

Hologramme, stramm auf Schleudersitzen
angebunden, fliegen wetterblind
kreuz und quer; im Gegenwind erhitzen
sich die Flügelspitzen. Zeit verrinnt.

Blut und Wasser schwitzen unterdessen,
deren Hippocampus, ferngestört,
simulierten Flugberichts Vergessen
randverbandelt wirkt. Was niemand hört.

Sukzessive stelzen Passagiere
abenteuermatt von Bord zurück,
wälzen Schalterfett Gedankenschmiere
kläglich; täglich sterben sie ein Stück.

Reimeschacht

Grünem Tee geschuldet sind die Worte
(schlafentzogen) kurz vor Mitternacht,
besser schreibt es sich mit dieser Sorte,
tiefer tauchend in den Reimeschacht.

Stark verdichtet immer im umtobten
sinnversuchten Leben nur allein,
können erst die höher nun gelobten
silbenklar verbundnen Dinge sein.

Fenster öffnen sich den vielen Stimmen;
grüner Tee, der sie geschaffen hat,
lässt am Morgen jedes Wort verschwimmen.
Endlich finden wieder Träume statt.

Zapfenstreich

Wälderwärts vorbei am Zirkelbogen
(Regenkünders halbem Farbgewand)
fuhren wir, von Vogelruf umflogen,
sandgesegnet, heute hin zum Strand –

hatten, außer unsern Suchversuchen
(Hühnergötter: windgeschliffne Kunst)
nichts auf Habenseite einzubuchen,
höchstens diesen fahlen Abenddunst

überm Meer, in dem die kleinen Inseln
bald verschwanden, zahmen Hunden gleich,
welche unter Wasser kiemenwinseln
nachts nach Tages letztem Zapfenstreich.

Straßenrunde

Täglich dreht er seine Straßenrunde,
geht im Kreis gemütlich durch die Stadt,
immer sieht man ihn zur gleichen Stunde:
Alter Herr, der „nichts vergessen" hat.

Tischler einst im Kriegsgefangnenlager,
wollte er auch dort der Beste sein.
(„Deutsche", sagt er, „waren nie Versager,
Fremde aber sind 's von ganz allein.")

Enger noch in seinem Kreis gefangen,
geht auf leisen Sohlen, läuft am Stock
dieser Mann; die Zeit (verweht, vergangen)
wickelt, kurzes Seil, sich um den Pflock.

Streunerwellen

Angelockt von hellen Morgenklängen,
wenn am Fluss das Ried sich wiegt im Wind,
streben strandwärts, hin zu Rohr-Gesängen,
kommen Streunerwellen uferblind,

zeichnen (kurz bevor sie ganz verderben)
Muster ihres Sehnens in den Sand,
zögern so hinaus das eigne Sterben,
bis der Wind die Spüren löscht per Hand.

Immer noch ist Morgen; von den Tönen,
leise auf die Wiesen hingehaucht,
bleiben keine, wenn mit lautem Stöhnen
später dieser Tag ins Leben taucht.

Wortgeflecht

Mag auch, was ich hin und wieder schreibe,
strengem Maß nur kühl verpflichtet sein,
bleibt das Wortgeflecht, mit dem ich treibe
durch die Nacht, gerecht – und hüllt mich ein,

schützt vor Grabeskälte meine Sinne,
dass die Welt mir wieder Freundin wird,
dass der Tag sich dehnt, mit seiner Pinne
gegensteuert wenn die Hitze flirrt

überm Fluss, durch den die Boote gleiten
versbeladen-stimmbefrachtet jetzt;
mag auch, was ich sag, in manchen Zeiten
anzufechten sein – es stimmt: zuletzt.

Würfelzucker

Hunde laufen stumm den Berg hinunter,
angeleint; und nebenher geht hier,
der sie führt: er fühlt sich morgenmunter,
strandverwandt dem Wellenwindrevier.

Ufernah, auf weißgetünchten Bänken,
schimmert 's feucht; ein Balken landet an,
schlickverstrickt, und zuckt mit Holzgelenken.
Für die Koppelpferde sollte man

Würfelzucker in den Taschen haben –
hielte jemand sonst den Blicken stand
dieser Tiere, wenn nach kurzem Traben
sie erkennen: leer ist deine Hand?

Angstrevier

Wer verzagt, versagt; dies wird man sagen:
jenen, deren Trauer täglich schwimmt
in den Tränen ihrer stillen Fragen –
ungelöst, weil keine Antwort stimmt.

Fehlte denn das Salz, der reine Glaube
an den eignen nimmermüden Mut,
denen nur, dass sie, im blassen Staube
kläglich hingesunken, trübes Blut

weltverloren durch die Adern pumpen?
Oder sind, in diesem Angstrevier,
Zweifel, angetan mit trocknen Lumpen,
gut verhüllt – und bitten um Quartier?

Zahlenstrahl

Hafenmole; Männer die dort standen
sprachen, weltgewandt, vom Zahlenstrahl,
den sie glatt mit alledem verbanden,
was Geschichte Jahr um Jahr fatal

angerührt, getarnt mit Menschenwerken.
Wissend noch um jede Kleinigkeit
abgelatschter Tat, die leicht zu merken,
hingerieten sie in blanken Streit:

was denn wohl am Ufer gegenüber,
schemenhaft, im grauen Nebel stand –
grüßte stumm ein alter Mast herüber
oder war's ein Kind, allein am Strand?

Ziegelmauern

Selbstverloren liegen Quadersteine.
Brunnenwasser springen in das Licht
(hingestäubt an viel zu kurzer Leine),
atmen, wenn sie fallen, Schicht um Schicht.

Bänke, trunken vom Betrachten, lauern,
dass sich jemand wieder niedersetzt
vor dem Angesicht der Ziegelmauern,
wo, am Abend noch, der Himmel schwätzt

über das, was früher ihn bewegte
(morgens etwa) – keiner hört ihm zu;
nur der Wind vielleicht, der müdgelegte,
lauscht und sagt: „Es reicht, gib endlich Ruh."

Euroland

Weil wir nun in gleicher Münze handeln,
reichen Brot und Rosen allemal,
wenn auf unsrem Weg wir weiter wandeln
durch das Euroland Mäandertal.

Kurven führen, dexter und sinister,
hin zu stillverschwiegnem Wasserlauf;
hart am Ufer streiten sich Geschwister
um die Luft im Grenzenschlussverkauf.

Nein, wir wollen keine Hymnen schreiben;
nicht, solang das Zentrum eingezäunt,
wo die unbekannten Worte treiben –
beispielsweise dieses: Fremdenfreund.

Zeilenbleibe

kleine schritte alter müder männer
klagen ruhelos im mondenlicht
wirken hier und jetzt als reimzertrenner
schleichen versemordend ins gedicht

das ich grade über frauen schreibe
jedenfalls ich hatte das mal vor
doch nun tapern durch die zeilenbleibe
klopfen eifrig ans metapherntor

greisenhaftgewichtig diese helden
deren zeitenloser plan verpatzt
ja sie haben keinen sieg zu melden
und auch meine pläne sind geplatzt

Bilsenkraut

Neuerdings, für biogene Drogen,
werfen Ecstasy und Crack wir weg,
schlürfen Tee, aus Bilsenkraut gezogen;
Fliegenpilz erfüllt denselben Zweck.

Wände weichen leichtem Druck der Hände;
größer wird, worin wir hausen: Welt
(Erdenblase, Anbeginn und Ende).
Schatten wachsen überm Lichtgezelt.

Freilich, andre arbeitslose Loser
finden nicht den Pfad; sie sitzen nur
bildersatt vor Tasten, schwache User,
wissen rauschhaft wenig von Natur.

Schattenfährten

Abends lag, im Dämmerdunst der Gärten,
spätes Licht im engen Drahtverhau,
träumte, eingekreist von Schattenfährten,
schon herbei des nächsten Tages Blau.

Satter Mond, der überm Wasser schwebte,
strahlte kalt und warf aus hohler Hand
Netze, die er noch im Fallen webte,
silbern in den Fluss; und kroch an Land.

Während nun der bleiche Nachtgeselle,
buschverborgen, hier am Ufer schlief,
regte sich bereits an andrer Stelle
morgendliche Lust – ein Vogel rief.

Versgespreu

Blut umfließt den stumpfen Tag, begegnet
nachts dem konus-rot gespitzten Ich,
staut, bevor es mein Begehren segnet,
sich zurück – und überwindet mich.

Kurzgeschlossen hecheln hin die Zeiten,
Heizungsrohre morsen rhythmisch Lust,
Spinnenweben Versgespreu begleiten
schlaffes Licht: Verlorensein, bewusst.

Von den Nächten bleiben Schreib-Relikte,
schwer entzifferbar, mit wenig Wert,
lohnend nicht, dass jemand sie erblickte –
oder erst, ins Gegenteil gekehrt...

Wiederholung

Grade weil ich Wiederholung hasse
(noch in meinen Briefen stört sie mich),
wird, wonach ich wortbegierig fasse,
Wiederholung werden sicherlich.

Zwischen Licht und Schatten angesiedelt,
ordne Kälte ich dem Sterben zu;
morgenhell indes der Tag umfiedelt
wärmetoll den Fluss, gibt keine Ruh;

und im Freien, auf asphaltnen Straßen,
sickert sonderbar der Regen ein.
Wort, verwendet hier in engen Maßen,
wird nur wieder Wiederholung sein.

Litfaßsäulen

Nachts im Lampen-Neonlicht und neben
Litfaßsäulen mit Plakatsalat
siegen, deren Zettel besser kleben
an der Wand und deren harter Draht

länger hält. Die hoch geschnürten Schuhe
hören nur der eignen Schritte Klang.
Wenig später herrscht hier wieder Ruhe,
schläfrig hangelt sich die Nacht entlang

hin zum Morgen – zu papiernen Fetzen,
reitend durch die Straßen auf dem Wind;
Leute, wenn sie Kreise strichbesetzen,
kriechen lahm zu Kreuze, taub und blind.

Nebelwand

Tiefe Gründe, holzbestreut; pastellen
überwölbt vom Licht, das oben schwebt,
abgelegne Wege aufzuhellen;
Bäume heben Wimpern, traumverklebt,

öffnen staunend ihre müden Augen
morgens, blicken hin zur Nebelwand,
deren Grenzbarrieren wenig taugen;
baumbewegt, im angestammten Land

schluchtgeborgen, abends wieder, schließen
sie das Leuchten dieses Tages ein,
lassen nachts noch weiter sich umfließen
und genießen, träumend, Sonnenschein.

Kriegsgegrunze

Grüngefiedert traten treuen Blickes,
Frieden laut beteuernd, auf die Rampe
jene jahrelang dem Blut entsagten,
stur die Farbe Rot vermeidend; aber

Kriegsgegrunze aus den Freundesreihen
band nun machtverpflichtend sie in Seile –
solchermaßen sich dem Glück zu widmen,
kurze Zeit verdingt am Staatensteuer;

welche, wenig nur, von denen wagen
Messerschnitte, trennen Grüngeklunker
von den Hemden – andre, noch für Jahre,
laufen zögernd mit, als Mit-Regierer.

Wolkenschleier

Krieg ist wieder. Unsre Söhne fliegen
im begrenzten Raum. Am Boden welken,
sonderbar zum Land herabgesunken,
Wolkenschleier: Bomben blind zerfallen.

Sonderbar zum Land herabgesunken,
im begrenzten Raum – am Boden welken
Wolkenschleier. Unsre Söhne fliegen.
Krieg ist wieder. Bomben blind zerfallen.

Wolkenschleier fallen. Söhne fliegen,
sonderbar, zum Land. Am Boden welken,
im begrenzten Raum herabgesunken,
wieder Bomben – unsre blinden Kinder.

Schlachtenklang

Fremdwort Frieden; Ostermärsche fallen
durch den Rost; bibelfeste Hoffnung
hegen Pazifisten; tugendzahmer
Zeiten schlappe Klänge duldend bleiben;

letzte Stunden; Glockenläuten immer,
vor und nach dem Tod. Sanfter siegen,
Nacht um Nacht, in stummen Wechselträumen,
leichter sterben früh die Bilderfolgen.

Alter Trick: dass **vor** den Feiertagen
Schlachtenklang sich überall entfaltet,
warnend Mahnung fordert. Abgesänge,
Leid entrungen, können wir nicht finden.

Banngedicht

Serbenritter, Marsgewittrer, deine
Wortverschlüsse haken in die Leere,
scheele Blicke treffen müde Augen;
schneller dreht das Wort sich um die Achse;

traurig stürzen Sätze, landen härter,
finden hier, im Staub der Nichtigkeiten,
Keinen, wenn der nächste Morgen brandet,
keine Hand, die froh das Licht verändert

(freundlich angeboten), kein Vertrauen...
Dass ein Banngedicht ich lieber schriebe,
mittels meiner Verse von der Erde
Angesicht tilgend alle Wunden!

Dunkelwolken

Spröde weigert, streng daher gesungen,
hungernd nach des Tages Endlichkeit,
dieser Text, an flaches Land gezwungen,
sich zu geben, aufzuheben Zeit.

Also werde ich in hellen Mulden
lungern, bis der Abend niederfällt
ins Gestrüpp am Fluss, und mich gedulden,
wartend angepasst der stummen Welt,

werde, wenn die Dunkelwolken treiben,
mir diktieren lassen was geschieht –
jene Worte, die dann übrig bleiben,
sind exakt der Text vom neuen Lied.

Niemandsland

Glatt geharkter Kies; von beiden Seiten
werden langbestielt heran geführt:
Rechen, die sich um den Boden streiten –
Niemandsland, das keine Schmerzen spürt.

Wohnte wer inmitten dieser Fläche,
käme der so bald nicht wieder frei,
wäre glatt berechenbar die Schwäche
seiner Tat und allen einerlei;

streute er, in Gegenwehr, die Scherben
eingestaubter Hoffnung zögernd aus,
würde niemand sehen deren Kerben,
bliebe unsichtbar das Schattenhaus.

Erntedank

Mutter kreuzte, weil's von Gott gegeben,
täglich zärtlich an das frische Brot,
segnend so ihr eignes kurzes Leben:
Erntedank, gefeiert bis zum Tod.

Dass die Spuren dieser sanften Kerben
Zeiten überdauern, ewig sind,
und mit Dankbarkeit das Leben färben,
hoffte Mutter – wusste ich als Kind.

(Heute, da wir nicht mehr darum bitten,
reicht ein Griff ins Supermarktregal –
wo, schon abgepackt und fein zerschnitten,
Brote liegen, lagern ohne Zahl.)

Brockenkost

Flickflack turnt auf schmalen Balkenbrücken
Bio-Licht; Photongeflimmer schwimmt,
morphisch feldverpaart, in Mikrostücken
driftend drunterweg und übernimmt,

wechselkursgesegnet, neue Räume –
lückenbindet Großgeklüngel dann,
bechert Würfel, knifft flexibel Träume,
putzt privatgelehrte Bäume an...

Forscher sind, ich finde, harte Hunde,
Jagdgenossen, deren Brockenkost,
unverdaut gerutscht aus ihrem Munde,
wunderbar sich wandelt: Edelrost.

Pfützengrab

Spiegelt sich auf nassem Straßenpflaster
abendkaltes Licht und blickt herab
(große Glucke, steingewordner Cluster)
graue Kirche, sinkt ins Pfützengrab;

brechen, bei verschlossnen Stubenfenstern,
deine welken Träume in die Knie
vor den unbekannten Stadtgespenstern,
blickt herab die Kirche, immer sie,

immer, deinen Übermut zu zügeln;
stündest du (am Tage) über ihr,
oben dort, auf grüngeschwellten Hügeln,
blickte sie herab, herab zu dir.

Kerzenlicht

Auf der grünen Bühne unsres Lebens
flackert eckverstecktes Kerzenlicht,
leuchtet feuchte Winkel aus vergebens,
während Trauer grau die Herzen bricht.

Heiser singen leiser Heldenchöre,
quarzgemauert lauert schwarz die Nacht,
Stimmen glimmen schwach, Tenor-Geröhre
hört man nicht. Und kein Gedicht erwacht,

wo die Worte sich zu Lügen fügen.
Falter machen Halt. Im Widerhall
starrer Stille lebt nur Missvergnügen.
Kerzen sterben, dunkler wird das All.

Frauenaugen

Nacht zerblasst; geträumte Frauenaugen
fliehen wimpernschnell, sie bringen sich,
noch im Schlaf, ins Wort, an dem sie saugen,
rufen, hingeschwunden: Suche mich!

Leider findet, Spiel der Hirnsynapsen,
niemand ihren Wirbelweg heraus –
längst nicht jener, der mit leisem Japsen
grad erwacht, geblendet vom Applaus

seines Bilderblattgeflechts der Nächte,
schleunigst schläft er hoffend wieder ein,
Frauenaugen jagend, stürzt in Schächte,
bleibt am Morgen, bleibt am Tag allein.

Erdennot

Stunden, zeitverdorrte Nebelschwingen,
tote Haderlumpen, rings im Kreis –
euer Tanz wird uns nie weiterbringen,
gnadenlos, umglitzert hart vom Eis!

Alle warten wir auf weitre Zeichen,
stopfen uns mit euren Leichen voll –
leider können nur mit euch erreichen
wir den Fluss ins Land Wirlebentoll.

Anders wage ich es nicht zu sagen,
eingebunden in die Erdennot;
ab und an gespannt vor Chronos' Wagen –
so verdiene ich mein täglich Brot.

Umlaufbahn

Zeit verwendet nur ein müdes Lächeln
an den festgelegten Weltenplan;
jedes Ziel, dem wir entgegenhecheln,
endet doch in ihrer Umlaufbahn,

wo Verlangen wildverdrossen lauert
hoffnungslos in tiefer Wagenspur
und das Heute um das Gestern trauert,
ewig Abschied nimmt von dieser Tour.

Wann verliert sie ihre Zwiebelschalen,
häutet, raumverbunden, sich die Zeit –
dass die Zukunft nicht mit roten Zahlen
endlos Schulden schreibt auf unser Kleid?

Abschiedslied

Ginstergelb der frühe Sommer grüßte,
zog, auf Wärme bauend, übers Land;
und mit Kirschenblüten er versüßte
beerenherbes Dorngezweig im Sand.

Später reifte, bis zur satten Rundung,
Wolken vor sich treibend, sein Gesicht;
Früchte baten länger nicht um Stundung.
Schwächer schon, hielt er das Gleichgewicht.

Alt geworden, musste er sich neigen,
rastlos noch im spröden Stoppelfeld,
tief hinab; der Wind sang in den Zweigen
ihm ein Abschiedslied, vom Herbst bestellt.

Leistungslohn

Sieger träumen oft von Niederlagen
(Sonnenflecken, aufgetupft dem Ruhm),
spüren sich, im düstren Seelenschragen,
nachtverwandelt: fremdes Eigentum.

Schneller fällt aus ihren Siegertaschen,
unverdientes Glück, der Leistungslohn,
tiefer stürzt, zerreißt die lockren Maschen,
Hoffnung, abgelöst von Spott und Hohn.

Andernorts, in heiter hellen Räumen,
lachen Leute, teilen Zuversicht –
während noch die Sieger davon träumen,
dass man ihnen alle Knochen bricht.

Datennetz

Stellvertreter lauern, Avatare,
jenseits dieser Welt im Datennetz,
dunkle Engel, deren Lichtfanfare
lockend ruft mit neuem Normgesetz:

Leichter überwindet alle Grenzen,
nanotechnisch quantenspringt Verstand,
wenn Prothesenwesen sich ergänzen
ewig körperlos im Zeitgewand!

(Abgehalftert von der körpergeilen,
erdgebundnen Wirklichkeitsmanie,
überkommt Versuchung sie bisweilen:
Sehnsucht nach dem aufgeschürften Knie.)

Reimgeschleime

Kritikaster, welcher endlos mümmelt
Spottgestottre, lumpig lahmen Witz,
kauderwelsche Worte (hingekümmelt),
reißverschlossen gleich dem Hosenschlitz,

der sich öffnet in bestimmter Stunde,
während, oberhalb, das Maul noch motzt
über einen, der in dieser Runde
sprachzerbrochen Reimgeschleime kotzt;

jenem gleich, den eben er verstümmelt,
lobt er plötzlich mich und mein Gedicht
(kauderwelsche Worte, hingekümmelt). –
Ach, ich träumte nur; es gibt uns nicht.

Wesenheiten

Die in deinem Kopfe zaghaft zelten,
prall mit Wesenheiten angefüllt:
unbekannte ferne Sternenwelten,
nur vom kalten Hauch des Alls umhüllt:

fühlen sich zu keinem Dank verpflichtet,
weil das Sein, dem sie entnommen sind,
existiert – du hast sie nie erdichtet,
eingerichtet nicht bereits als Kind;

lichtes Leben auf den fremden Erden
wird zurückgeführt ins Ebenmaß
eignen Sinns – zu dunklen Büchern werden
alle Seiten, die man früher las.

Wasserschrei

Flussgeströme morgens, blutbeladen,
flutet roten Schlags an mir vorbei
hin zu ewigfernen Traumgestaden;
welk berührt vom sanften Wasserschrei

spürt, als Komprimat aus blassen Mündern,
deren Tage längst entschwunden sind
(zählbar zu den Überallverkündern),
meine Seele blinden Ruf, vom Wind

leise an das Ufer hergetrieben –
wo es mir nicht weiter möglich ist,
wahre Worte aus der Luft zu sieben,
eingeschränkt von Wassers Hinterlist.

Konterbande

Zögernd stehe ich, wie sonst, am Rande,
dringe nicht in dunkle Wälder ein,
handle Wärme stets als Konterbande,
lasse unbewegt den sturen Stein.

(Wenn herab die Worte klingend stürzen,
geben sie mir keinen festen Halt,
wird es nötig Lieder abzukürzen –
sie zu singen, fehlt's an Stimmgewalt.)

Kaltes Glück: asphaltne Straßenmitte,
glattgewalzt von lauten Wagen nur;
bald verspürt die Wiese stille Schritte –
hier verliert sich wieder meine Spur.

Ruhestifter

Herbstbegleiter Wind, gelehnt an Wände,
nimmt vom Baum (der träumend Laub verliert)
Blatt für Blatt nun einzeln in die Hände,
greift und spielt, jonglierend ungeniert

angesichts von klugen Parklaternen,
gegenüber diesem alten Haus
bis zum Morgen unter blassen Sternen –
streckt danach sich nachtermüdet aus

auf dem Rasen dicht bei einem Fenster,
atmet leiser, Ruhestifter jetzt,
schläft, mit frühem Lichtgelock Umkränzter,
langsam ein, mit kühlem Tau benetzt.

Lebensende

Was geschieht an unsrem Lebensende,
was im letzten langen Augenblick –
wirkt ein Gott und birgt in seine Hände
uns? Gelingt ihm stets der Tunneltrick?

Ziehen lichtumschwärmt wir in die Wärme
milden Friedens endlich wieder ein?
Oder scheißt der Tod auf unsre Därme,
stirbt die Seele, wird nur Dunkel sein?

Ewig leben, sterben nie: die Fragen,
sie allein sind immer existent.
(Drüben grübelt, Lösung einzutragen,
Gott: er träumt von seinem Happy End.)

Kraterlachen

Wieder richten sich die Tannenhäher,
Tages Späher, nun zur Ruhe ein,
kommt die Nacht aus dunklem Holze näher
(hinterhältig schlief sie dort allein).

Mond, zernarbt, verbirgt sein Kraterlachen,
spannt ein Wolkenband vors Angesicht,
darf die pflichtgemäße Reise machen,
landet später, strandet früh im Licht...

Rücke doch, bevor die Schatten sinken,
dichter noch heran, vertraue blind,
glaube was die Sterne runterblinken:
wie unendlich nahe wir uns sind.

Höhenfragen

Frauen, wenn im Hause angeherdet
(hat ein Herr, der es wohl weiß, erklärt),
seien, anders als im Heer, gefährdet,
falls der Bund sich seiner Haut erwehrt;

statt zivil an Land herum zu krauchen
(wo der Dienst in Blaskapellen droht),
könnte frau in Ruhe tiefer tauchen,
Kommandantin sein im Eisenboot;

fehlten dann, in Sachen Höhenfragen,
Zentimeter Körpermindestmaß,
dürften Frauen Stöckelschuhe tragen,
machte ihnen Dienen wieder Spaß.

Feldgewand

Bäume wickeln ihre kalten Füße,
binden sie in Nebeltücher ein;
nebenan entbietet Morgengrüße
Tränen perlend dieser alte Stein.

Feldgewand, gewebt aus grauen Fasern,
windet lindernd sich um einen Pfahl,
Sträucher leiden leise: Nebelmasern.
Wiesen greifen schmalgewordnen Schal.

Etwas glänzt auf einem blanken Kabel.
Sonne kommt und macht den Himmel frei.
Kranich nimmt den Rest in seinen Schnabel,
heisrer klingt danach des Vogels Schrei.

Treppenhaus

Stille Nacht; die Fernsehspätprogramme
ziehen, müde Stimmen, mich hinab.
Draußen krachts. Geschrei! Herumgeschramme!
Stufenstolprer laufen, auf und ab.

Äxte werden in das Holz getrieben,
Splitter regnet es im Treppenhaus.
Null Uhr dreißig (ich hab's aufgeschrieben)
schleppen einen Nachbarn sie hinaus.

Will nur schnell das Küchenmesser holen,
denn sie stehen schon vor meiner Tür;
in den Medien wurde ja empfohlen:
Zeigt Zivilcourage, lebt dafür!

Nebelkappen

Spätseptember; ringsum sind die Wälder
einvernommen, aufgefrischt vom Herbst:
Laub gebärdet sich als Feuermelder.
Baum, in den du deine Wünsche kerbst

(niemals werden sie dich weiterführen),
steht bei Bäumen, früher schon beschnitzt –
jene, die das Messer nicht mehr spüren,
haben was du wünschtest ausgeschwitzt.

Nebelkappen kannst du wieder finden,
Rötelritterlinge hier im Wald;
Austernpilze wärmen Baumes Rinden.
Deine Wünsche sterben, starr und kalt.

Silbenwippen

Später werden sie ein Kreuz errichten:
dem, der's Leben eben hier verlor;
werden wortgewichtig ihn beschichten:
dem, der grad verreckt am Kirchentor –

der noch lebt, mit eingetretnen Rippen,
dessen Lungenflügel nicht zerspießt;
der die Stimmen hört: ein Silbenwippen,
das von fern in seine Träume fließt –

der, noch hält er seine Augen offen,
halb im Schlaf das linke Bein bewegt,
der, auf Frieden diese Nacht zu hoffen,
heimatlos sich abends niederlegt.

Kuchenform

Lohnt es noch, den Sommer aufzubacken,
werden alte Krusten weicher sein,
wenn im Walde untern Füßen knacken
Bucheneckern? Sammelt wer die Wärme ein,

dass den Leuten vor en Treppenstufen,
wo sie stehen, reicht ein kurzes Hemd?
Sollten wir den Kuckuck wieder rufen,
der nun stottert weil die Stimme klemmt?

Sommer sucht nach Überlebenszeichen,
täuscht in diesen Tagen uns enorm –
seine Puste wird, sie wird nicht reichen:
Spinnen weben in der Kuchenform.

Flockenflügel

Sonne blendet heute ungeheuer
weiß, was sonst dem Schnee nur nachgesagt –
der indessen starb im Dauerfeuer
hellen Lichts, wird kurzerhand vertagt.

Nächstes Jahr, mit neuem Winterzügel,
dass er mit uns Schlitten fahren kann,
wachsen ihm genügend Flockenflügel;
hält er dann, bis Mitte März, nicht an,

will noch weiter, auch den Mai erobern,
hastet, stolpert holpernd im April,
stürzt und lässt sein loses Fell beschnobern,
liegt, geschmolzen, lange Zeiten still.

Lichtreflex

Nahedran, sich an die Welt zu schmiegen,
deren Spiegel nur den Widerschein,
Lichtreflex aus virtuellen Siegen,
nüchtern zeigen, wirft er Pillen ein –

schluckt dabei, was man ihm vorgeworfen
(selber nüchtern nur zu sein und kühl)
gleich herunter; seine Wunden schorfen.
Stundenlanges Augenblicksgefühl.

Buntgefärbt erscheint und lichtumzundert,
friedlich wie ein herbstverliebtes Blatt,
vor dem Haus das nächste Jahr/Jahrhundert,
findet ohne ihn (er starb) nun statt.

Sonnensünder

Frost springt fröhlich über weiße Wege,
spielt mit Schatten, die der Morgen warf,
lacht auf Bäumen, dicht am Uferstege;
seine Küsse aber schmecken scharf,

trifft er eure zimmerwarmen Münder,
eure Wangen, eure blasse Stirn.
Ach, ihr seid, als arme Sonnensünder,
ohne Traum vom fernen Gletscherfirn.

Eure Hände, in den Taschen, frieren,
falten sich zum Winterstoßgebet:
Werde Frühling, lass den Frost verlieren
(der grad eben frech vorüber geht).

Schwerelos

Leicht im Licht, zerreiben Schneekristalle
funkelsanft die kalte Winterluft;
schwerelos entschweben sie dem Falle,
der kein Ende nimmt. Des Himmels Duft,

unverfälscht will ich ihn heute schmecken,
allen Sinnen freudig zugetan,
keine Regung werde ich verstecken,
richten nicht nach sturem Stundenplan.

Später, wenn die Wolken wieder schweigen,
bleibt von meinen Schritten nur die Spur
unter Bäumen, die sich stumm verneigen
vor dem Schnee, und bleibt die Kälte nur.

Wintergarten

Sage nichts. Du wirst nach vagen Worten
fremder Liebe Last, die dich bedrängt
immer an den namenlosen Orten,
ausgeliefert bleiben, ferngelenkt.

Schweige auf den Wegen, die geblieben,
schweige still, nimm nicht den Mund zu voll.
Was uns leben lässt, ist: selbst zu lieben;
nicht, dass irgendwer uns lieben soll.

Wen du suchst, der wird dich schweigend finden,
findet sich im Wintergarten ein;
euer beider Schweigen zu verbinden,
werden keine Worte nötig sein.

Lichtverzicht

Anders sollten wir die Sonne sehen,
anders, wenn an ihr die Nacht zerbricht,
anders wieder durch die Straßen gehen,
anders dort und anders im Gedicht.

Schöner wird, woran wir immer glauben,
schöner werden dein und mein Gesicht,
schöner tagesdunkle Schattentrauben,
schöner dort und schöner im Gedicht.

Leben können wir wie andre Leute,
leben ohne jeden Lichtverzicht,
leben, angelangt in unserm Heute,
leben dort und leben im Gedicht.

Schattenlicht

Lichtgesprenkel. Sonnensünder. Regenstunden. Schattenfährten. Feldgewand. Silbenwippen. Würfelzucker. Gegenwehr. Niemandsland. Außenstand.

Reimgeschleime. Lichtverzicht. Konterbande. Streunerwellen. Kraterlachen. Kerzenlicht. Widerworte. Kleiderfalte. Landesteg. Zeitgefüge. Banngedicht.

Wolkenschleier. Kriegsgegrunze. Frauenaugen. Ruhestifter. Stimmgetier. Flockenflügel. Zeilenbleibe. Brauengitter. Lichtreflex. Angstrevier.